CE LEADER
EXCEPTIONNEL
QUI SOMMEILLE
EN MOI

LUCIE S. MATSOUAKA

Ce Leader Exceptionnel Qui Sommeille En Moi.

Édition et conception de la couverture par Ruth E. Griffin/Studio Griffin, LLC.

Illustrations d'Evgeniia Lanskikh

Première édition

ISBN-13: 979-8-8689-6194-6

Library of Congress Control Number: 2023950430

1 2 3 4 5 6 7 8 9 10

*À Chaque Enfant Qui
Aspire À Changer Le Monde*

TABLE DES MATIERES

INTRODUCTION

Bonjour ma chère!

Bonjour mon cher!

Je suis ton amie, Lucie.

T'es-tu déjà demandé ce qui rend un leader grand ou phénoménal? Quelles sont, chez les grands leaders, les qualités qui les distinguent des autres?

J'avais tellement d'espoirs, de rêves et d'aspirations quand j'avais ton âge. Je rêvais d'être un jour en mesure d'apporter des changements dans la société. Tout comme toi, j'étais impatiente de devenir adulte, afin de pouvoir faire ce que je voulais. Ce que je ne savais pas, c'est que les leaders exceptionnels ont quelque chose que les autres n'ont pas : ils ont des qualités particulières. Certaines de ces qualités nous sont enseignées par nos parents, nos enseignants et d'autres adultes qui nous aiment et s'occupent de nous. D'autres nous sont enseignées au travers de grands livres, des documentaires, des podcasts ou même la vie de tous les jours. Ce qui m'avait échappé c'est que je n'avais pas besoin d'attendre d'être adulte pour devenir un leader. J'aurais pu commencer il y a longtemps, avec ce que je savais et ce que j'avais, pour créer un impact positif dans la vie de ceux qui m'entouraient chaque jour. Veux-tu donc savoir comment tu peux le faire?

Eh bien, tu vas être comblé.e! Ce livre traite des qualités étonnantes du leader exceptionnel que tu deviendras. Embarquons pour un voyage à la découverte des caractéristiques qui font qu'un leader se démarque des autres. Tu découvriras le courage, l'intégrité, le travail acharné et bien d'autres traits de caractère que possèdent les grands leaders. Je te suggère de lire une histoire chaque soir avant d'aller te coucher et de discuter ensuite de ce que tu as appris avec quelqu'un (par exemple, un parent, un frère aîné ou une sœur aînée).

À la fin de ce livre, tu auras une meilleure compréhension de ce qu'il faut pour être un leader. Es-tu prêt.e à devenir le leader phénoménal que tu es destiné.e à être ?

Bienvenue dans le monde du leadership!

L'ATTITUDE

Il était une fois une petite fille qui s'appelait Anna. Elle était toujours grincheuse et se plaignait de tout. Elle se plaignait du temps, de la nourriture et même de ses jouets. Ses amis et sa famille essayaient de lui remonter le moral, mais rien n'y faisait.

Un jour, la mère d'Anna l'a emmenée au parc pour un pique-nique. Elles ont étalé une couverture, se sont assises ensemble et ont commencé à manger leurs sandwichs. Soudain, il s'est mis à pleuvoir et la mère d'Anna a suggéré qu'elles remballent et rentrent à la maison. Mais Anna n'était pas contente et a commencé à se plaindre de la pluie qui avait gâché leur pique-nique.

En rentrant chez elles, elles ont vu un groupe d'enfants qui jouaient sous la pluie, riaient et s'amusaient beaucoup. La mère d'Anna a suggéré qu'elles se joignent au groupe et jouent elles aussi sous la pluie. Anna a d'abord hésité, mais elle a décidé d'essayer.

À sa grande surprise, elle a découvert que jouer sous la pluie était amusant ! Elle riait, souriait et ressentait une joie qu'elle n'avait jamais éprouvée auparavant. Elle s'est rendu compte qu'une bonne attitude faisait toute la différence. Elle ne se plaignait plus du temps qu'il faisait et cherchait plutôt à s'amuser, quoi qu'il arrive.

La mère d'Anna était si fière d'elle parce qu'elle s'est fait de nouveaux amis. Anna a appris qu'il était important d'avoir une bonne attitude et que cela pouvait changer toute sa journée.

LA FIN

Exemple Dans La Vie Réelle

Nelson Mandela était un dirigeant important qui vivait dans un pays appelé Afrique du Sud. L'une des choses qui ont fait de lui un grand leader est son attitude positive. Bien qu'il ait passé vingt-sept ans en prison, il n'a jamais perdu espoir. Il croyait au pardon et à la collaboration pour améliorer les choses.

L'attitude positive de Mandela l'a aidé à être un bon dirigeant à bien des égards. Les gens lui faisaient confiance et voulaient le suivre.

Dans l'ensemble, l'attitude positive de Mandela a été très importante pour son leadership. Elle l'a aidé à nouer des relations avec les gens, à obtenir leur soutien et à apporter des changements positifs en Afrique du Sud. Son attitude a montré que, même dans les situations difficiles, le fait d'avoir une bonne attitude, d'être gentil et compréhensif peut aider à faire la différence.

Lucie S. Matsouaka

L'AUTHENTICITÉ

Il était une fois un petit oiseau qui s'appelait Tweet. Tweet aimait chanter et gazouiller, mais il n'était jamais satisfait de sa voix. Il voulait ressembler aux autres oiseaux de la forêt, alors il copiait leurs chansons et essayait de chanter comme eux.

Un jour, Tweet chantait avec tous les autres oiseaux lorsqu'une belle chanson attira son attention. C'était la plus belle chanson qu'il ait jamais entendue, et elle était chantée par un petit oiseau nommé Berdie. Berdie avait une voix douce et mélodieuse, et Tweet l'enviait. Il décida d'essayer de chanter comme Berdie et se mit à copier chacune de ses notes. Mais Tweet avait beau essayer, il n'y arrivait pas. Les autres oiseaux commencèrent à le remarquer et ils n'aimaient pas ça. Ils dirent à Tweet qu'il était un imitateur et qu'il devrait chanter sa propre chanson.

Tweet était troublé. Il ne comprenait pas pourquoi c'était mal de chanter comme quelqu'un d'autre. Puis il se rendit compte que les voix qu'il admirait étaient belles parce qu'elles étaient uniques et authentiques. Il devait donc être fier de sa propre voix.

Alors, le lendemain, Tweet a chanté sa propre chanson et elle était magnifique. Les autres oiseaux l'adoraient et lui disaient à quel point il était génial. Tweet était si heureux et fier de lui. Il avait retenu qu'être authentique était la chose la plus importante et qu'il ne devait jamais essayer d'être quelqu'un qu'il n'était pas.

A partir de ce moment-là, Tweet chanta ses propres chansons avec fierté. Il était enfin heureux et satisfait de ce qu'il était.

LA FIN

Question

Comment peux-tu t'exercer à être plus authentique dans ta vie
de tous les jours ?

LA BRAVOURE

Il était une fois une petite fille nommée Sarah qui vivait dans un petit village. Sarah était gentille et douce, mais elle était aussi très timide et avait peur de beaucoup de choses. Un jour, alors qu'elle se promenait dans la forêt, Sarah tomba sur un chien blessé. Le chien était trop blessé pour marcher et avait désespérément besoin d'aide.

Sarah avait peur et ne savait pas quoi faire. Elle avait peur de s'approcher trop près du chien et de se faire mordre. Mais elle s'est alors souvenue d'un vieux dicton que sa mère avait l'habitude de lui dire : "Le courage n'est pas l'absence de peur, mais la capacite de la vaincre." Sarah s'est rendu compte qu'il serait courageux de sa part d'aider le chien, malgré sa peur.

Après avoir respiré profondément, Sarah s'est approchée lentement du chien. Elle l'a pris doucement et l'a serré contre sa poitrine. Elle a ensuite ramené le chien dans son village, où elle s'est occupée de lui et l'a aidé à se rétablir. Au fil du temps, le chien est devenu plus fort et a pu marcher à nouveau.

Sarah était fière d'avoir été courageuse et d'avoir aidé le chien. Elle apprenait ainsi que la bravoure ne consiste pas seulement à affronter un danger physique, mais aussi à faire face à ses peurs et à faire ce qu'il faut, même si c'est difficile.

À partir de ce jour, Sarah n'avait plus peur d'affronter ses peurs et d'aider les autres. Le chien qu'elle avait sauvé était même devenu son ami de toujours et lui rendait souvent visite.

LA FIN

Exemple Dans La Vie Réelle

Martin Luther King Jr. était un leader afro-américain des droits civiques qui s'est battu pour l'égalité des droits des Noirs en Amérique dans les années 1950 et 1960. Il était très courageux parce qu'il s'est opposé aux lois injustes et le mauvais traitement des Noirs, y compris quand c'était dangereux pour lui de le faire.

King a mené des marches de protestations et des manifestations pacifiques pour sensibiliser le public à la discrimination et à la ségrégation dont étaient victimes les Noirs. Il a prononcé des discours puissants, comme son célèbre discours "I Have a Dream", qui ont incité de nombreuses personnes à se joindre à la lutte pour les droits civiques.

King a dû faire face à une forte opposition et a souvent été confronté à la violence de ceux qui n'étaient pas d'accord avec lui. Il a été arrêté à de nombreuses reprises et sa maison a même été bombardée. Malgré ces dangers, il a continué à se battre pour ce qu'il croyait juste et n'a jamais abandonné.

En fin de compte, la bravoure et le leadership de King ont contribué à apporter des changements importants aux lois et à la société américaine. On se souvient aujourd'hui de lui comme un héros qui s'est battu pour la justice et l'égalité pour tous.

Lucie S. Matsouaka

LES CHOIX

Il était une fois une petite fille qui s'appelait Lysa. Lysa aimait passer du temps avec ses amis plus que tout ; mais un jour, ses amis l'ont invitée à faire quelque chose qui l'a mise mal à l'aise.

Les amis de Lysa voulaient se faufiler dans la piscine du quartier après la fermeture pour nager. Lysa savait que ce n'était pas bien et que cela pouvait leur attirer des ennuis, mais elle ne voulait pas décevoir ses amis, alors elle a accepté.

Alors qu'ils nageaient et s'amusaient, un agent de sécurité les a surpris et a appelé leurs parents. Lysa s'est sentie honteuse et coupable. Ses parents étaient déçus. Elle savait qu'elle avait fait un mauvais choix en suivant ses amis.

Le lendemain, à l'école, les amis de Lysa se vantaient de ce qui s'était passé. Elle leur demanda : « Ne vous sentez-vous pas coupables ? N'avez-vous pas honte ? » Ses amis répondirent : « Non, ce n'était pas si grave ! » Lysa savait qu'elle ne pouvait plus les suivre et elle prit la décision difficile de leur dire qu'elle ne pouvait plus faire partie de leurs projets. Ils lui en voulaient, mais Lysa savait que c'était la meilleure chose à faire.

Lorsque Lysa rentra chez elle, elle le dit à ses parents, qui furent très fiers d'elle pour avoir fait le bon choix. Elle se sentit soulagée de ne plus avoir à leur cacher quoi que ce soit ou à se sentir coupable. Elle trouva de nouveaux amis qui partageaient ses valeurs et ne la poussaient pas à faire des choses qu'elle savait mauvaises.

En grandissant, Lysa continua à faire des choix en accord avec ses valeurs, même lorsque c'était difficile. Elle apprit qu'en faisant le bon choix, non seulement elle se sentait bien, mais cela l'aidait aussi à nouer des relations solides avec des personnes qui la respectaient pour ce qu'elle était.

LA FIN

Exemple Dans La Vie Réelle

Martin Luther King Jr. a dû faire de nombreux choix difficiles au cours de sa vie en tant que leader du mouvement des droits civiques. L'un des choix les plus difficiles a été de décider de défendre les droits des Afro-Américains, même si c'était dangereux. Il a également dû choisir comment protester sans violence, même lorsque d'autres avaient recours à des moyens violents.

Parfois, King n'était pas d'accord avec les méthodes des autres leaders, mais il respectait quand même leurs opinions. King devait également concilier ses devoirs de mari et de père avec ses responsabilités d'homme public.

Malgré tous ces choix difficiles, Martin Luther King n'a jamais cessé de se battre pour l'égalité. Il pensait qu'il était important d'utiliser sa voix et son influence pour créer un monde meilleur, même si c'était difficile et parfois effrayant.

LA COMPASSION

Il était une fois un petit garçon qui s'appelait Toby. Il était intelligent et fort, mais aussi très méchant avec les autres. Il se moquait toujours des enfants qui étaient différents de lui et ne faisait preuve d'aucune gentillesse envers qui que ce soit.

Un jour, alors qu'il rentrait de l'école, il vit un petit chaton perdu et triste. Il s'apprêtait à s'éloigner lorsqu'il entendit les miaulements du chaton. Il s'arrêta et pensa à ce que devait ressentir le chaton, et il réalisa qu'il devait être effrayé et seul.

Toby ressentit une sensation de chaleur dans son cœur, et il décida d'aider le chaton. Il prit le chaton dans ses bras et le ramena chez lui. Il lui donna de la nourriture et de l'eau et joua avec lui. Toby demanda à ses parents de l'aider à retrouver les propriétaires du chaton. Ils cherchèrent partout, placardèrent des affiches dans le quartier et demandèrent à tous leurs voisins s'ils reconnaissaient le chaton.

Quelques jours plus tard, ils rencontrèrent une petite fille nommée Cheng. Cheng sanglotait. Elle était assise sur un petit rocher sur lequel on pouvait lire : « Si vous trouvez un chaton, veuillez appeler le numéro ci-dessous... » Toby courut vers elle et lui dit : « Je crois que j'ai ton chaton. Suis-moi, je vais te montrer. » Ils se rendirent à la maison de Toby et la petite fille sauta d'excitation lorsqu'elle vit le chaton, ivre de joie de l'avoir enfin trouvé après de nombreux jours de recherche. Toby sourit et dit : « Tu peux le ramener à la maison. J'en ai bien pris soin. » Ils devinrent tous deux de bons amis, et Cheng promit de venir lui rendre visite avec le chaton.

Depuis ce jour, Toby a appris l'importance de la compassion pour les autres. Il s'est rendu compte qu'il était beaucoup plus heureux lorsqu'il aidait les autres. Il s'est rendu compte qu'aider les autres peut apporter de la joie et du bonheur à la fois à celui qui aide et à celui qui reçoit.

LA FIN

Exemple Dans La Vie Réelle

Mère Teresa était une dirigeante remarquable qui faisait preuve de compassion à l'égard de tous ceux qui l'entouraient. Elle a consacré sa vie à aider les pauvres, les malades et les personnes marginalisées dans le monde. Elle est un excellent exemple de la façon dont nous pouvons tous faire preuve de compassion dans notre propre vie.

La compassion de Mère Teresa était visible dans tout ce qu'elle faisait. Elle menait une vie simple et faisait passer les besoins des autres avant les siens. Elle faisait souvent des pieds et des mains pour aider les gens, même si cela signifiait sacrifier son propre confort. Elle pensait que chaque personne avait de la valeur et méritait d'être traitée avec dignité et respect.

L'une des citations les plus célèbres de Mère Teresa a été la suivante : « Nous ne pouvons pas tous faire de grandes choses. Mais nous pouvons faire de petites choses avec beaucoup d'amour ». Cette citation résume son approche de la vie et du leadership. Elle était convaincue que même le plus petit acte de gentillesse pouvait faire une grande différence dans la vie de quelqu'un.

LE COMPLIMENT

Il était une fois, dans une forêt magique, un groupe d'animaux. Un jour, alors qu'ils jouaient, un nouvel animal se joignit à leur groupe. Il se présenta. « Bonjour ! Je suis Pierre, le lapin. » Pierre était très gentil et avait toujours quelque chose de gentil à dire sur les autres animaux.

Les jours passèrent et Pierre décida de vivre là avec les autres animaux. Il les complimentait souvent sur leurs caractéristiques et leurs talents uniques. Il disait aux oiseaux combien leurs chants étaient beaux et aux écureuils combien ils étaient rapides et agiles. Ses compliments étaient toujours sincères et donnaient aux autres animaux le sentiment d'être appréciés et valorisés.

Un jour, les animaux remarquèrent que Pierre était triste et ne voulait plus jouer. Ils se rassemblèrent autour de lui et lui demandèrent ce qui n'allait pas. Pierre répondit : « Je ne me sens pas à ma place dans le groupe. » Les autres animaux furent surpris car ils pensaient que Pierre était l'un des animaux les plus gentils qu'ils aient jamais rencontrés. L'un d'eux dit : « Bien sûr que tu as ta place ici ! Nous allons tous beaucoup mieux depuis que tu es venu. » Pierre dit : « Je n'en savais rien. Je pensais que je n'étais pas important pour vous. »

Les animaux se sont rendu compte qu'ils prenaient Pierre pour acquis. Ils étaient trop occupés à s'amuser et avaient oublié d'apprécier les qualités de Pierre. Ils s'excusèrent et commencèrent à lui faire des compliments sincères. Ils lui dirent que sa gentillesse et sa compassion faisaient de la forêt un endroit plus agréable.

Pierre se sentit à nouveau heureux et accepté. À partir de ce jour, les animaux de la forêt magique se firent un devoir de se faire des compliments sincères les uns aux autres. Ils se rendirent compte qu'un simple compliment pouvait illuminer la journée de quelqu'un et lui donner le sentiment d'être apprécié.

LA FIN

la journée de quelqu'un et lui donner le sentiment d'être apprécié.

LA FIN

Question

Quand as-tu fait des compliments à quelqu'un ?

LA CRÉATIVITÉ

Il était une fois, dans un endroit magique appelé le Royaume de l'Imagination, un groupe de joyeuses créatures connues sous le nom de « Créatifs ». Ces Créatifs avaient le pouvoir de donner vie à leurs rêves les plus fous, simplement en faisant appel à leur imagination et à leur créativité.

Un jour, les Créatifs se préparaient pour leur festival annuel de la créativité, une grande fête au cours de laquelle ils allaient présenter leurs créations les plus étonnantes. Cependant, à l'approche du jour J, ils se rendirent compte que quelque chose n'allait pas : leur créativité semblait s'être évanouie !

La panique s'empara du Royaume de l'Imagination, tandis que les Créatifs cherchaient désespérément un moyen de retrouver leur créativité. Ils essayèrent toutes les méthodes habituelles, mais rien ne semblait fonctionner. L'annulation du Festival de la créativité semblait inévitable, et les Créatifs étaient vraiment tristes.

C'est à ce moment-là qu'une petite fille, Mia, découvrit par hasard la situation des Créatifs. Mia était une enfant curieuse et imaginative, et elle savait exactement ce qu'il fallait faire. Elle réunit tous les Créatifs et leur proposa d'essayer quelque chose de nouveau - ils devraient se promener dans la forêt et laisser libre cours à leur imagination.

Au début, les Créatifs n'étaient pas sûrs d'eux. Ils n'avaient jamais rien essayé de tel auparavant et ils avaient peur que cela ne fonctionne pas. Mais Mia se montra convaincante et, bientôt, ils se promenèrent tous dans la forêt en imaginant toutes sortes de choses merveilleuses.

Soudain, les créatifs sentirent que quelque chose de magique se produisait : leur créativité revenait ! Ils commencèrent à voir des formes et des couleurs qu'ils n'avaient jamais vues auparavant et se sentirent plus inspirés que jamais. De retour au Royaume de l'Imagination, ils travaillèrent très dur pour réaliser les créations les plus étonnantes qu'ils eussent jamais faites.

Le Festival de la créativité fut un énorme succès et tout le monde dans le Royaume de l'imagination fut émerveillé par les choses incroyables que les Créatifs avaient faites. Mia fut célébrée telle une héroïne et les Créatifs comprirent qu'ils avaient appris une leçon importante. Ils comprirent que la créativité n'était pas quelque chose que l'on pouvait forcer ou contrôler, mais qu'il fallait la nourrir et la laisser se développer librement.

Depuis ce jour, les Créatifs se promènent régulièrement dans la forêt et prennent toujours le temps de laisser libre cours à leur imagination. Et chaque fois qu'ils sentent leur créativité s'évanouir, ils savent quoi faire : se promener, laisser leur imagination s'envoler et regarder la magie s'opérer.

LA FIN

Exemple Dans La Vie Réelle

Son Altesse le Cheikh Mohammed bin Rashid Al Maktoum, vice-président et premier ministre des Émirats arabes unis (EAU), est largement connu pour son style de leadership innovant et créatif. Il a utilisé sa créativité pour faire de son pays un succès et une renommée dans le monde entier.

Le cheikh Mohammed a notamment eu de grandes idées pour faire de Dubaï un lieu agréable à visiter et à fréquenter. Par exemple, il a construit le plus haut bâtiment du monde, appelé Burj Khalifa, une île artificielle qui ressemble à un palmier, et l'un des plus grands centres commerciaux du monde, appelé Dubai Mall. Ces projets ont permis à Dubaï de devenir une destination touristique populaire et d'attirer des entreprises du monde entier.

Le cheikh Mohammed a également créé une école appelée Mohammed Bin Rashid School of Government, qui enseigne aux gens comment devenir des leaders au sein du gouvernement. Cette école propose des programmes spéciaux qui enseignent aux étudiants comment être un bon dirigeant, comment planifier l'avenir et comment élaborer de bonnes politiques.

LA DÉTERMINATION

Il était une fois une petite fille qui s'appelait Chloé. Elle vivait dans une petite ville avec ses parents et ses frères et sœurs. Chloé était différente des autres enfants de la ville car elle avait un grand rêve. Elle voulait devenir une chanteuse célèbre et parcourir le monde pour répandre le bonheur et la joie à travers sa musique.

Mais le problème, c'est que Chloé n'était pas née avec une belle voix. Elle avait une voix fine et faible que personne n'aimait, ce qui faisait que les gens se moquaient d'elle chaque fois qu'elle essayait de chanter. Cependant, Chloé ne se laissa pas décourager par leurs rires. Elle était déterminée à poursuivre son rêve de devenir une chanteuse célèbre.

Chaque jour, elle s'entraînait à chanter pendant des heures. Elle chantait devant un miroir, s'imaginant en train de se produire devant un public nombreux. Elle essayait différentes techniques pour rendre sa voix plus forte et plus mélodieuse.

Après des années, le travail acharné et la détermination de Chloé portèrent leurs fruits. Sa voix était devenue plus forte et elle commença à gagner des concours de chant à l'école. Tous les élèves étaient stupéfaits de voir comment elle était passée d'une fille timide à une chanteuse sûre d'elle et à la voix forte.

Un jour, Chloé reçut une invitation à se produire dans la capitale et passer à la télévision. Elle était nerveuse, mais aussi très enthousiaste à l'idée de pouvoir montrer son talent. Le jour du spectacle, Chloé monta sur scène avec détermination. Elle ferma les yeux et commença à chanter. Le public fut stupéfait. La voix de Chloé était si belle que les gens de sa ville n'arrivaient pas à croire au talent de la fillette dont ils se moquaient autrefois.

Le spectacle de Chloé fut un énorme succès ; elle fut bientôt invitée à se produire dans d'autres villes et États. Elle voyagea, répandant la joie par sa musique. Elle devint une chanteuse célèbre, comme elle en avait rêvé.

La détermination et le travail acharné de Chloé inspirèrent de nombreuses personnes. Ils apprirent qu'avec de la détermination, tout est possible.

LA FIN

Question

Comment peux-tu être plus déterminé.e dans ta vie au quotidien ?

L'EMPATHIE

Il était une fois, dans un pays magique, un petit garçon nommé Ahmad. Il avait beaucoup d'amis, mais il lui manquait une chose : l'empathie. Il ne comprenait pas ce que les autres ressentaient et ne se souciait pas de leurs sentiments. Il ne pensait qu'à lui.

Un jour, Ahmad tomba sur une souris qui pleurait sur le bord de la route. Il lui demanda : « Pourquoi pleures-tu ? ». La souris répondit : « J'ai perdu ma famille et je n'ai nulle part où aller. » Ahmad réfléchit un instant et dit : « Oh, c'est dommage. Je dois partir maintenant. » Et il s'en alla sans réfléchir.

Alors qu'il marchait, il rencontra une autre créature triste, un raton laveur cette fois. Il lui demanda : « Qu'y a-t-il ? » Le raton laveur répondit : « J'ai perdu mon meilleur ami et je me sens très seul. » Ahmad réfléchit un instant et dit : « C'est dommage. Je dois y aller maintenant. » Et il s'en alla sans réfléchir.

Ahmad continua son chemin et, tout en marchant, il se dit : « Pourquoi tout le monde est-il triste ? Est-ce que j'aurais pu faire quelque chose pour qu'ils se sentent mieux ? J'aurais peut-être dû ne pas les ignorer ». Il se sentait tellement honteux.

Il décida de retourner sur ses pas et de s'excuser auprès de chacune des créatures qu'il avait rencontrées. Il écouta leurs histoires et essaya de comprendre ce qu'elles ressentaient. Il les serra dans ses bras et les réconforta, et bientôt la tristesse de chacun se transforma en bonheur.

Ahmad avait appris une précieuse leçon ce jour-là : avoir de l'empathie, c'est se mettre à la place de quelqu'un d'autre et se préoccuper de ses sentiments. Lorsque nous faisons preuve d'empathie, nous pouvons rendre les autres heureux et répandre la gentillesse autour de nous.

LA FIN

Exemple Dans La Vie Réelle

Kwame Nkrumah était un dirigeant qui voulait que tout le monde comprenne et se soucie des autres. Il pensait que si nous pouvions ressentir de l'empathie, nous pourrions créer une société où tout le monde serait traité de manière équitable et égale. Il s'est efforcé de créer un sentiment d'unité entre des personnes d'origines différentes et a encouragé le Ghana à aider d'autres pays africains.

Nkrumah pensait que les dirigeants doivent être capables de comprendre et de s'adapter aux expériences et aux besoins de leurs concitoyens. C'est ainsi qu'ils peuvent susciter la confiance et le soutien des personnes qu'ils dirigent. Il pensait que l'empathie n'est pas seulement le propre des individus, mais qu'elle est aussi un élément essentiel d'une société saine et juste.

Lucie S. Matsouaka

LA FOI

Il était une fois un petit garçon qui s'appelait Jeff. Jeff aimait apprendre et découvrir de nouvelles choses. Il travaillait très dur à l'école, mais parfois les choses ne se passaient pas comme prévu.

Un jour, Jeff travaillait sur un projet scolaire sur son ordinateur. Il avait passé beaucoup de temps à faire des recherches et à écrire. Soudain, son ordinateur est tombé en panne ! Il était très triste et bouleversé parce qu'il avait perdu tout ce sur quoi il avait travaillé.

Mais les parents de Jeff lui ont rappelé que même lorsque les choses vont mal, il faut continuer à essayer et ne pas abandonner. Ils lui ont dit d'avoir la foi et de continuer à travailler dur.

Jeff a donc décidé de recommencer et de travailler encore plus dur qu'avant. Il a passé beaucoup de temps à faire des recherches et à écrire à nouveau, et il a finalement terminé son projet. Il était très fier de lui !

Jeff a appris que même lorsque les choses vont mal, il ne faut jamais abandonner. Si l'on travaille dur et que l'on continue d'essayer, on peut réaliser tout ce que l'on veut. Il savait qu'il pouvait toujours garder la foi et continuer à avancer, quels que soient les défis auxquels il était confronté.

Depuis ce jour, Jeff n'a jamais renoncé à ses rêves et il s'est toujours souvenu de l'importance de garder la foi. Il est maintenant convaincu que tu peux y arriver aussi si tu crois en toi et n'abandonnes jamais !

LA FIN

Exemple Dans La Vie Réelle

Denzel Washington est un acteur célèbre qui pense que la foi est très importante. Il pense qu'avoir foi en Dieu et en toi-même peut t'aider à accomplir de grandes choses et à surmonter les moments difficiles. Il a appris la foi grâce à sa mère, qui lui a appris à croire en lui-même et en Dieu. Il pense également que la prière peut t'aider à te sentir moins effrayé et plus confiant.

Denzel a joué dans un film intitulé « The Book of Eli », qui traite de la foi et de la nécessité de faire ce qui est juste. Il a également aidé un groupe appelé Boys & Girls Clubs of America, qui est basé sur la foi et l'aide aux enfants.

LE TRAVAIL ACHARNÉ

Il était une fois une petite fourmi qui s'appelait Annie. Annie vivait dans une grande colonie de fourmis et toutes les fourmis travaillaient très dur chaque jour. Elles sortaient tôt le matin pour aller chercher de la nourriture pour la colonie.

Un jour, Annie se sentait paresseuse et ne voulait pas travailler. Elle se dit : « Pourquoi devrais-je travailler si dur ? Tout le monde le fait, alors je n'ai pas à le faire ». Elle s'assit donc et regarda toutes les autres fourmis travailler.

Cependant, elle remarqua que la colonie ne recevait pas assez de nourriture. Beaucoup de fourmis étaient affamées et fatiguées. Annie se sentit coupable de ne pas faire sa part. Elle décida de se lever et d'aider.

Bientôt, elle recueillit de plus en plus de nourriture. Sa contribution fut ressentie par les autres fourmis. Elles se sentirent soulagées car, grâce à l'aide d'Annie, la colonie pouvait travailler un peu plus vite et elles pouvaient accumuler plus de nourriture pour plus tard.

Annie était fière de son dur labeur et décida de toujours travailler quand il fallait travailler et de se reposer quand il fallait se reposer. Les autres fourmis étaient également fières d'elle et l'admiraient pour sa détermination et son dévouement. Elle avait compris qu'il est important de faire sa part pour aider les autres.

LA FIN

Exemple Dans La Vie Réelle

Lee Kuan Yew était un dirigeant de Singapour qui croyait en l'importance de travailler dur. Il a aidé Singapour à devenir un pays prospère en encourageant les gens à travailler dur et à acquérir de nouvelles compétences. Monsieur Yew a déclaré que travailler dur, économiser de l'argent et prendre soin des autres étaient des valeurs importantes qui ont contribué à la croissance de Singapour. Il pensait également que les leaders devaient travailler dur et montrer le bon exemple aux autres.

Sous la direction de Lee Kuan Yew, Singapour a apporté des changements pour aider les populations à aller à l'école, à créer leur propre entreprise et à développer de nouvelles idées. Cela a incité les habitants de Singapour à travailler dur et à donner le meilleur d'eux-mêmes. Aujourd'hui, Singapour est l'un des pays les plus prospères et les plus compétitifs du monde, et c'est grâce au travail acharné et au dévouement de ses habitants, inspirés par Lee Kuan Yew.

Lucie S. Matsouaka

L'HONNÊTETÉ

Il était une fois, dans un village, un garçon nommé Arnold. Arnold était connu pour sa nature espiègle et son goût pour les mensonges. Ses amis et les membres de sa famille en avaient assez de ses mensonges et le réprimandaient toujours pour son comportement.

Un jour, Arnold et ses amis décidèrent de partir à la chasse au trésor. Ils cherchèrent partout et, finalement, Arnold trouva un coffre rempli de pièces d'or. Il était très excité et décida de garder le trésor pour lui tout seul. Il mentit donc à ses amis en leur disant que le coffre était vide.

Le lendemain, Arnold se rendit au marché pour s'acheter des bonbons avec l'argent qu'il avait dissimulé. Mais alors qu'il s'apprêtait à acheter les bonbons, il s'aperçut qu'il avait perdu l'argent. Très contrarié et inquiet, il décida d'aller demander de l'aide au chef du village. Il avait oublié que personne ne savait qu'il avait les pièces.

Le chef du village écouta attentivement l'histoire d'Arnold et lui demanda : "Où as-tu trouvé ces pièces ?".

"Mon oncle est très riche. Il me les a offertes", déclara Arnold.

Le chef du village le regarda dans les yeux et lui dit : "Sois honnête, jeune homme."

Arnold avait honte. Il baissa les yeux et finit par avouer qu'il avait menti à ses amis au sujet du trésor et qu'il avait caché l'argent. Le chef du village fut très déçu par l'attitude d'Arnold, mais lui dit : "Tu es pardonné pour cette fois, mais ne recommence pas."

Arnold promit de toujours dire la vérité. Le chef demanda aux villageois de l'aider à chercher l'argent. Ils trouvèrent l'argent volé et Arnold courut parler à ses amis et s'excuser pour son comportement. Ses amis lui pardonnèrent également et ils redevinrent de bons amis.

Arnold apprit une précieuse leçon ce jour-là. Il se rendit compte qu'être honnête et sincère était la clé d'une bonne relation avec les autres. Il était heureux et fier d'avoir fait le bon choix.

LA FIN

Exemple Dans La Vie Réelle

Thomas Sankara était un dirigeant qui a gouverné le Burkina Faso, un pays d'Afrique, de 1983 à 1987. Il était connu pour être un dirigeant honnête qui travaillait dur pour améliorer la vie de son peuple. Sankara a lutté contre la corruption, c'est-à-dire contre le fait que des personnes au pouvoir utilisent leur position pour faire des choses malhonnêtes. Il a par exemple vendu des voitures coûteuses dont le gouvernement n'avait pas vraiment besoin et a utilisé l'argent pour des choses plus importantes susceptibles d'aider les gens, comme la construction d'écoles et de cliniques dans les zones rurales.

Sankara se souciait également beaucoup de l'environnement et de la santé des habitants du Burkina Faso. Il a lancé une campagne de plantation d'arbres pour freiner l'avancée des déserts et s'est assuré que tout le monde avait accès aux vaccins pour rester en bonne santé.

Sankara était également un fervent défenseur des autres pays africains et de leurs luttes pour la liberté. Il n'aimait pas que les pays étrangers apportent de l'aide ou de l'argent aux pays africains, car il pensait que cela les rendait dépendants des autres. Il voulait au contraire que les pays africains soient indépendants et forts par eux-mêmes.

Malheureusement, Sankara a été assassiné en 1987, mais le peuple burkinabé et l'Afrique se souviennent de lui comme d'un héros en raison de son honnêteté, de son travail acharné et de son engagement à améliorer la vie de son peuple.

Lucie S. Matsouaka

L'ESPOIR

Il était une fois une petite fille nommée Elikya qui aimait rêver en grand. Elle avait beaucoup d'espoirs et d'aspirations, mais elle se sentait souvent découragée lorsque les choses ne se passaient pas comme prévu.

Un jour, Elikya se sentait particulièrement déprimée après avoir échoué à un examen à l'école. Elle s'assit sur un banc dans la cour de récréation et se mit à pleurer. Soudain, une enseignante s'approcha d'elle et lui demanda ce qui n'allait pas. Elikya lui raconta l'examen et lui dit qu'elle avait eu envie de renoncer à ses rêves.

Le professeur sourit et dit : « Elikya, ma chère, ne te décourage pas. Le voyage vers tes rêves ne sera peut-être pas facile, mais il en vaudra la peine à la fin. N'oublie jamais de garder l'espoir et la foi. Crois en toi et tu verras que tout est possible. »

Elikya se sentit un peu mieux après avoir entendu les paroles du professeur. Elle sécha ses larmes et se leva. Le professeur lui dit : « Avant de partir, promets-moi de ne jamais renoncer à tes rêves, quels que soient les obstacles que tu rencontreras. » Elikya sourit et dit : « Je le promets ! » Elle se remit à étudier avec une nouvelle détermination.

Les années passèrent et Elikya travailla dur sans jamais perdre espoir. Elle se souvenait qu'il faut garder espoir et ne jamais renoncer à ses rêves. Elle croyait qu'avec du travail et de la détermination, tout était possible.

Elikya obtint finalement son diplôme avec mention et décrocha le poste de scientifique dont elle rêvait. Elle était reconnaissante envers son professeur de l'avoir encouragée.

LA FIN

Exemple Dans La Vie Réelle

Barack Obama, ancien président des États-Unis, pense que l'espoir est très important. Il pense que l'espoir est un sentiment fort qui peut aider les gens à réaliser de bonnes choses. Il parle souvent de l'importance d'avoir de l'espoir, en particulier lorsque les choses sont difficiles. Il pense que l'espoir ne consiste pas seulement à se sentir bien, mais aussi à aider les gens à créer un avenir meilleur.

Lorsque Barack Obama s'est présenté à l'élection présidentielle de 2008, il a utilisé le slogan « Yes We Can » (Oui, nous le pouvons) pour montrer que tous ceux qui travaillent ensemble peuvent apporter de grands changements. Pendant son mandat, il a beaucoup insisté sur l'importance de garder espoir, même dans les moments difficiles.

En un mot, Obama estime que l'espoir est puissant et qu'il peut aider les gens à accomplir des choses extraordinaires, même lorsqu'ils sont confrontés à des défis.

L'HUMILITÉ

Il était une fois un jeune garçon nommé Johan qui vivait dans une grande ville. Johan était très doué et très intelligent. Il pouvait faire tout ce qu'il voulait et était toujours le premier de sa classe. Mais en grandissant, il commença à devenir arrogant et à croire qu'il était meilleur que tous les autres.

Un jour, alors que Johan rentrait de l'école, il vit un groupe d'élèves qui parlaient de leur dernier contrôle et qui regrettaient de ne pas mieux comprendre les mathématiques. Johan entendit leur conversation et se moqua d'eux. Il leur dit: « Vous n'étudiez assez. Vous devriez être plus comme moi. J'étudie, mais je suis aussi intelligent. » Ils le regardèrent avec dégoût et répondirent : « Il ne faut pas se moquer des autres parce qu'on sait quelque chose qu'ils ne savent pas ». Johan fit semblant de ne rien entendre et s'en alla en souriant.

Le lendemain, Johan se rendit à la foire et vit un homme qui faisait des tours extraordinaires. Johan décida de montrer ses talents en faisant un tour beaucoup plus difficile. Mais dès que Johan commença, il trébucha et tomba. La foule rit et Johan eut honte.

L'homme s'approcha de lui et lui dit : « Jeune homme, il est plus important d'être humble que d'avoir du talent. Lorsque tu es humble, les gens te respectent et veulent te côtoyer. Mais si tu restes arrogant, les gens t'éviteront et tu seras seul ».

Johan se rendit compte de son erreur et se sentit désolé de la façon dont il traitait les gens. Il décida de changer pour le mieux. Le lendemain, à l'école, il commença à changer d'attitude. Il ne fallut pas longtemps à Johan pour se faire de nouveaux amis.

LA FIN

Exemple Dans La Vie Réelle

Patrice Lumumba a été un dirigeant très important de la République démocratique du Congo. Il a été la première personne à être élue à la tête du pays par le peuple, ce qui n'est pas rien ! Ce qui rendait Lumumba spécial, c'est qu'il était très humble et qu'il se souciait de son pays et de ses habitants.

Lorsque Lumumba est devenu chef, il n'a pas voulu d'une grande et belle cérémonie comme en ont l'habitude la plupart des chefs. Il voulait une cérémonie simple qui montrerait qu'il s'intéressait davantage au peuple qu'aux apparences.

Lumumba savait qu'une seule personne ne pouvait pas résoudre tous les problèmes du Congo, c'est pourquoi il travaillait avec d'autres personnes pour prendre des décisions. Il voulait que tout le monde aide et participe à l'amélioration du Congo.

En résumé, Patrice Lumumba était un très grand dirigeant, humble, soucieux de son pays et de son peuple, et qui voulait que tout le monde travaille ensemble pour améliorer les choses.

Lucie S. Matsouaka

L'IMPACT

Il était une fois une jeune fille nommée Victoria. Elle vivait dans une petite ville entourée de forêts verdoyantes et de collines ondulantes. Malgré la beauté de son environnement, Victoria sentait que quelque chose manquait dans sa vie. Elle voulait faire la différence et laisser un impact durable sur sa communauté.

Un jour, alors qu'elle explorait la forêt voisine, Victoria tomba sur un groupe d'animaux qui luttaient pour trouver de la nourriture et de l'eau. Le ruisseau qui autrefois coulait librement était maintenant presque à sec, et les arbres qui fournissaient de l'ombre et de la nourriture étaient coupés. Victoria comprit que ces changements étaient dus aux humains et qu'il fallait faire quelque chose pour aider les animaux et l'environnement.

Victoria retourna dans sa ville et réunit ses amis pour discuter de ce qu'ils pouvaient faire. Ensemble ils décidèrent de planter des arbres et de nettoyer le ruisseau pour redonner vie à la forêt. Ils sensibilisèrent également les habitants sur l'importance de la conservation et la nécessité de protéger l'environnement.

La ville se réunit et travailla dur pour transformer la forêt. Au bout d'un certain temps, les animaux commencèrent à revenir et les ruisseaux coulèrent à nouveau. Tous les habitants étaient fiers de leur travail et se sentaient satisfaits de savoir qu'ils avaient eu un impact positif.

Les années passèrent et les fruits du travail de Victoria et de ses amis étaient visibles partout. Les forêts étaient luxuriantes et pleines de vie, les ruisseaux coulaient librement et les animaux prospéraient. Ils avaient eu un impact positif sur leur communauté.

Victoria et ses amis apprirent que, même si l'on est petit ou jeune, on a le pouvoir d'avoir un impact durable sur le monde. Victoria encouragea les autres à trouver des moyens de faire la différence et de laisser leur marque dans le monde.

LA FIN

Exemple Dans La Vie Réelle

Le Docteur Myles Munroe était une personne très spéciale qui a aidé de nombreuses personnes à apprendre à devenir de meilleurs leaders et à réaliser leurs rêves. Il était né dans un pays appelé les Bahamas en 1954 et malheureusement décéda en 2014. Il a enseigné aux gens que tout le monde peut devenir un grand leader, peu importe d'où ils viennent ou ce qu'ils font. Il était également convaincu que chaque personne a un but particulier dans la vie. En découvrant et en suivant ce but, elle peut être heureuse et réussir. Il a écrit de nombreux livres sur comment devenir un meilleur dirigeant et vivre une vie heureuse. Il était très populaire et ses livres sont encore lus par de nombreuses personnes dans le monde entier.

Le Docteur Munroe a influencé et continue d'influencer la vie des gens en les amenant à croire en eux-mêmes et à travailler dur pour réaliser leurs rêves. Même s'il n'est plus parmi nous, ses idées et ses enseignements continuent d'aider les gens à devenir de meilleurs leaders et à réussir leur vie.

Lucie S. Matsouaka

L'INTÉGRITÉ

Il était une fois, dans un royaume lointain, un roi nommé Daniel qui régnait avec équité et justice. Il était aimé et respecté par tous ses sujets. Un jour, le royaume fut confronté à une crise majeure. Les récoltes étaient mauvaises et le peuple souffrait. Le roi dut prendre une décision difficile pour aider son peuple.

Le roi Daniel savait que le trésor royal contenait une grande quantité d'or et qu'il pouvait l'utiliser pour acheter de la nourriture pour le peuple. Cependant, il savait aussi que l'utilisation du trésor royal à d'autres fins ou à des fins personnelles était contraire aux règles du royaume. Il devait choisir entre aider son peuple et enfreindre les règles.

Le roi Daniel réunit tous ses conseillers pour discuter de la situation. Il leur fit part de son dilemme et demanda leur avis. Ils étaient tous d'accord pour dire que l'utilisation de l'or du trésor pour acheter la nourriture est le seul moyen de sauver le royaume. Cependant, le roi Daniel décida de ne pas le faire. Il savait qu'en enfreignant les règles, il donnerait un mauvais exemple au peuple et aux futurs rois. Il ne voulait pas sacrifier son intégrité au profit une solution temporaire.

Après quelques jours de réflexion, le roi imagina un nouveau plan. Il fit appel aux riches marchands du royaume et leur demanda de l'aide. Il leur parla de la crise et leur demanda un prêt pour acheter de la nourriture pour le peuple. Les marchands furent impressionnés par l'honnêteté et l'intégrité de Daniel et acceptèrent de l'aider.

En peu de temps, de la nourriture fut distribuée à la population et la crise fut évitée. Les sujets du roi Daniel furent encore plus impressionnés par son leadership et son intégrité. Ils l'admirèrent pour la bonne décision prise dans un moment difficile.

À partir de ce jour, l'on garda du roi Daniel le souvenir d'un roi qui avait gouverné avec équité, justice et intégrité.

LA FIN

À partir de ce jour, l'on garda du roi Daniel le souvenir d'un roi qui avait gouverné avec équité, justice et intégrité.

Exemple Dans La Vie Réelle

Nelson Mandela était un révolutionnaire sud-africain anti-apartheid et un dirigeant politique intègre. Il passa vingt-sept ans en prison pour son activisme, mais ne transigea jamais sur ses principes de justice, d'égalité et de réconciliation. Il croyait en l'honnêteté et en la vérité, même lorsque c'était difficile. Il était également très humble et ne s'était jamais estimé meilleur que les autres. Il a toujours été cohérent dans ses convictions et ses actions, même dans les moments difficiles.

Mandela était également très doué pour pardonner aux personnes qui l'avaient blessé ou qui avaient blessé ses amis. Il savait que le pardon était important pour que les gens s'entendent.

Tous ces éléments ont amené les gens à faire confiance à Mandela et à le respecter. Il a contribué à rendre le monde meilleur.

Lucie S. Matsouaka

LA GENTILLESSE

Il était une fois, dans une petite école appelée École Primaire La Gentillesse, il y avait de nombreux élèves. Ils aimaient apprendre et jouer ensemble. Cependant, il y avait un problème à l'école : certains élèves n'étaient pas gentils avec les autres. Le directeur avait dénommé l'école « La Gentillesse » parce qu'il voulait que tous ses élèves incarnent ce mot qui lui tenait à cœur.

Un jour, une nouvelle élève, Priscillia, rejoignit l'une des classes. Elle était timide et ne connaissait personne dans sa classe. Lorsqu'elle entra dans la classe, certains élèves chuchotèrent entre eux et se moquèrent d'elle. Priscillia se sentit gênée et ne sut pas comment réagir.

Le lendemain, assise seule pendant la récréation, Priscillia regardait les autres élèves jouer. Un garçon nommé Kofi s'approcha d'elle et lui demanda si elle voulait jouer avec lui et ses amis. Priscillia hésita d'abord, mais Kofi était si gentil qu'elle accepta de jouer avec eux. Ils s'amusèrent bien et Priscillia fut heureuse de s'être fait de nouveaux amis.

Au fil des jours, Kofi et ses amis continuèrent à faire participer Priscillia à leurs activités. Ils l'aidèrent même à faire ses devoirs et lui firent visiter l'école. Priscillia n'était plus seule et s'amusait beaucoup à l'école.

Un jour, le directeur annonça qu'il y aurait un concours pour déterminer quelle classe avait les élèves les plus gentils. Kofi et ses amis élaborèrent un plan. Ils décidèrent d'inclure tout le monde dans leurs activités et de veiller à ce que personne ne soit laissé de côté. Ils aidèrent également les autres élèves dans leur travail et firent preuve de gentillesse de toutes les manières possibles.

Enfin, le jour du concours arriva et le directeur annonça que la classe de Kofi avait gagné. Tout le monde applaudit et le directeur les félicita pour leur gentillesse. Il leur donna un sac de bonbons à partager entre eux.

Le lendemain, le directeur de l'école annonça que l'école organisait une journée de la gentillesse. Tous les élèves de l'école devaient faire un acte de gentillesse envers quelqu'un d'autre. Kofi et ses amis furent ravis et trouvèrent de nombreuses idées pour répandre la gentillesse dans l'école.

Ce jour-là, tous les élèves de l'école firent preuve de gentillesse les uns envers les autres. Ils s'entraidèrent dans leur travail, partagèrent leur repas et jouèrent ensemble. C'était une belle journée, et tout le monde se sentait heureux et aimé.

Depuis ce jour, tous les élèves de l'école se sont promis d'être gentils les uns envers les autres. Ils ont compris que la gentillesse rend tout le monde heureux et que c'est la meilleure chose à faire. Priscillia n'était plus la petite nouvelle de l'école, mais une élève heureuse et confiante qui avait beaucoup d'amis.

La morale de l'histoire est qu'il est essentiel d'être gentil à l'école et partout ailleurs. La gentillesse permet aux gens de se sentir heureux et aimés. Alors, soyez toujours gentils avec les autres et vous verrez à quel point le monde peut être merveilleux !

LA FIN

Exemple Dans La Vie Réelle

Tyler Perry est un acteur, scénariste et réalisateur célèbre, qui est également connu pour sa grande gentillesse, ce qui fait de lui un grand leader.

Il aide toujours les personnes qui en ont besoin, par exemple en donnant de l'argent à des groupes qui aident les personnes touchées par des catastrophes naturelles ou des violences domestiques. Il soutient également les nouveaux acteurs et auteurs en leur donnant l'occasion de participer à ses productions et en les aidant à améliorer leurs compétences.

Tyler Perry pense également qu'il est important d'avoir des personnes de toutes origines dans les films et les émissions de télévision, et il s'assure d'inclure beaucoup de personnes différentes dans son travail.

Dans l'ensemble, la gentillesse et la bienveillance de Tyler Perry font de lui un excellent leader et un bon modèle.

L'OPTIMISME

Il était une fois une petite lapine qui s'appelait Rosie. Elle vivait dans une belle prairie, remplie de fleurs colorées et de hautes herbes vertes. Rosie aimait sauter partout et jouer avec ses amis, mais parfois elle se sentait triste et s'inquiétait de l'avenir.

Un jour, Rosie se sentait particulièrement déprimée. Elle avait entendu dire qu'un gros orage allait se produire et elle avait peur qu'il ne ruine sa maison et ne détruise toutes les fleurs de la prairie. Elle s'assit seule sous un arbre, lugubre et désespérée.

Alors qu'elle était assise, elle vit une chouette voler vers elle. La chouette se percha sur une branche au-dessus d'elle et lui demanda : « Pourquoi as-tu l'air si triste, petite Rosie ? »

Rosie parla à la chouette de ses peurs et de ses inquiétudes. La chouette l'écouta attentivement et lui dit : « Je comprends que tu aies peur de ce qui pourrait arriver, mais il est important de te rappeler que la tempête n'est peut-être pas aussi mauvaise que tu le penses. Et même si c'est le cas, tu peux toujours trouver de la joie et du bonheur dans d'autres choses du monde ».

Rosie leva les yeux vers la chouette, ne sachant que penser. Mais la chouette poursuivit : « Être optimiste, c'est croire que de bonnes choses peuvent arriver, même lorsque les choses semblent sombres. C'est chercher le bon côté de chaque situation et avoir de l'espoir pour l'avenir ».

Rosie réfléchit à ce qu'avait dit la chouette et se rendit compte qu'elle s'était trop concentrée sur le négatif. Elle décida d'essayer d'être plus optimiste, même face à l'incertitude.

Le lendemain, l'orage éclata. Rosie eut d'abord peur, mais elle se souvint des paroles de la chouette. Elle regarda autour d'elle et vit que l'orage était en fait très beau. Les gouttes de pluie brillaient comme des diamants et les éclairs illuminaient le ciel de façon éblouissante. Elle se rendit compte que même si l'orage était effrayant, il était aussi magnifique à sa façon.

Une fois l'orage passé, Rosie sortit et constata que la prairie était toujours là, aussi belle qu'avant. Certaines fleurs avaient été renversées, mais beaucoup d'autres étaient encore debout. Rosie s'est rendu compte que même si de mauvaises choses se produisent, le monde est toujours plein de merveilles et de beauté.

À partir de ce moment-là, Rosie s'est efforcée d'être plus optimiste, même lorsque les choses semblaient difficiles. Elle a appris qu'avoir de l'espoir et voir le bon côté des choses pouvait faire toute la différence. Et même lorsque les choses étaient difficiles, elle savait qu'elle pouvait toujours trouver une raison d'être reconnaissante.

LA FIN

Question

Comment peux-tu pratiquer l'optimisme dans ta vie au quotidien ?

Lucie S. Matsouaka

LA PATIENCE

Il était une fois une petite fille qui s'appelait Fany. Fany avait un beau sourire et une personnalité joyeuse. Cependant, elle était impatiente.

Chaque fois qu'elle voulait quelque chose, elle le voulait tout de suite. Si elle devait attendre, elle devenait frustrée et contrariée. Ses amis et sa famille essayaient de la calmer et de lui expliquer que les bonnes choses arrivent à ceux qui attendent, mais Fany ne voulait pas l'entendre.

Un jour, après l'école, Fany alla chez un marchand de glaces avec ses amis. La file d'attente était longue et Fany s'impatientait de plus en plus. À un moment donné, elle décida d'abandonner, de sortir de la file et de rentrer chez elle. Ses amies essayèrent de la persuader de rester dans la file, mais Fany ne voulut rien entendre.

Elle commença à rentrer chez elle. Pendant ce temps, les autres filles restèrent et eurent finalement leur glace. Excitées, elles la mangèrent, puis rentrèrent en courant à la maison. Sur le chemin du retour, elles aperçurent Fany. Elle marchait toujours et commençait à avoir un peu faim. Elle leur demanda : « Vous avez eu votre glace ? » « Oui, répondirent-ils. Elle était très bonne et rafraîchissante. Tu aurais dû attendre. Tu vois ? Tu es toujours sur la route et nous rentrons ensemble à la maison. »

Fany se sentait triste et regrettait de ne pas avoir été assez patiente pour attendre son tour. Elle avait faim et soif, et elle ne voulait pas retourner chez le marchand de glaces. L'une de ses amies ouvrit son sac à dos et dit : « Surprise ! Nous t'avons acheté un biscuit et une petite bouteille d'eau. Mais promets-nous de changer d'attitude. » Fany sourit, les serra dans ses bras et promit de le faire.

Fany avait appris une leçon importante : la patience est une vertu qui finit toujours par payer.

LA FIN

Exemple Dans La Vie Réelle

Sidney Poitier était un acteur et un cinéaste très patient. Il faisait attention aux rôles qu'il acceptait et ne choisissait que ceux qu'il jugeait intéressants et importants. Cela signifie qu'il a refusé certains emplois, même s'ils lui offriraient beaucoup d'argent, parce qu'il ne voulait pas jouer des personnages stéréotypés ou peu intéressants.

Poitier a également été l'un des premiers acteurs noirs à devenir célèbre à Hollywood. Mais il ne s'est pas contenté d'accepter tous les rôles qu'on lui proposait. Il voulait faire tomber les barrières et s'assurer que les acteurs et les cinéastes noirs aient plus d'opportunités à Hollywood. Cela lui a demandé beaucoup de temps et de patience, mais il a continué à travailler dur et à plaider pour le changement. Il est ainsi devenu un modèle pour d'autres acteurs noirs et a eu un impact important sur Hollywood. Aujourd'hui, de nombreux cinéastes suivent ses traces.

Lucie S. Matsouaka

LA PERSÉVÉRANCE

Il était une fois, dans un petit village, un petit garçon qui s'appelait Imamu. Imamu était très énergique et aimait jouer. Mais, contrairement aux autres enfants, Imamu avait un grand rêve. Il voulait devenir le meilleur coureur du village.

Chaque jour, Imamu courait autour du village, s'entraînait et s'améliorait de plus en plus. Mais un jour, Imamu tomba et se blessa à la cheville. Il était dévasté et pensait qu'il ne pourrait plus jamais courir. Sa mère l'emmena chez un médecin qui examina sa cheville.

« Mon fils, dit le médecin, il n'y a pas de fracture, mais tu dois te reposer quelques jours avant de remarcher. N'exerce pas trop de pression sur ton pied jusqu'à ce que tu te sentes mieux. »

Sur le chemin du retour, Imamu avait la cheville bandée. Il demanda : « Maman, es-tu sûre que je pourrai courir à nouveau ? ».

« Bien sûr que oui ! Tu es encore en pleine croissance et le corps a une façon particulière de se guérir. Tu n'as qu'à continuer d'essayer ». Elle lui rappela tous les efforts qu'il avait jusque-là déployés pour courir et qu'il ne devait pas alors abandonner. Imamu écouta sa mère et recommença à s'entraîner lorsqu'il se sentit mieux, cette fois-ci avec beaucoup de précautions et avec la cheville bandée.

Malgré sa lenteur, Imamu continua à s'entraîner tous les jours. Il n'abandonna pas et persévéra.

Un jour, le village organisa une grande compétition de course à pied. Imamu s'inscrivit et se sentit un peu nerveux. Puis, il se souvint de toutes les paroles encourageantes de sa mère. Avec détermination et en travaillant dur, Imamu courut plus vite et plus fort que jamais. Il remporta la compétition et fut couronné meilleur coureur du village ! Imamu apprenait ainsi que la réussite passe par le travail et la persévérance.

LA FIN

Exemple Dans La Vie Réelle

Francis Ngannou est un excellent exemple de persévérance dans le monde du sport, notamment en tant que boxeur professionnel dans la catégorie des poids lourds.

Francis est né au Cameroun en 1986. Il a grandi dans un petit village où il a dû faire face à la pauvreté et à de nombreuses difficultés. Il aimait beaucoup la boxe et rêvait de devenir un grand champion. Mais sa famille n'avait pas beaucoup d'argent, et la vie était parfois difficile.

A l'âge de 12 ans, Francis a dû quitter l'école pour aider sa famille en travaillant dans les champs. Mais il n'avait jamais abandonné son rêve de devenir boxeur.

Quand il a eu 27 ans, Francis a quitté son village pour aller en Europe et réaliser son rêve. Ce fut un voyage long et très difficile, à travers des déserts et des montagnes, mais il ne s'est jamais découragé.

Finalement, il est arrivé en Espagne où il a découvert la boxe. Il s'est entraîné très dur et a montré à tout le monde à quel point il était talentueux. Malheureusement, il a eu du mal à participer à des compétitions à cause du manque de papiers nécessaires. Quelque temps après, Francis est allé en France et a rejoint un club de boxe très célèbre. Il a continué à s'entraîner avec beaucoup de passion et de persévérance.

En 2016, il a eu la chance de participer à des combats très importants dans la plus grande ligue des arts martiaux du monde, l'UFC (Ultimate Fighting Championship). Tout le monde était impressionné par sa force et sa rapidité.

Francis a rencontré des adversaires très forts, et même s'il a perdu certains combats importants, il n'a jamais abandonné. Il a travaillé encore plus dur pour s'améliorer.

En 2021, Francis a eu une nouvelle chance de devenir champion du monde. Cette fois, il a gagné le combat et est devenu le champion des poids lourds de l'UFC.

Aujourd'hui, Francis Ngannou est une véritable inspiration. Son histoire nous apprend que si on rêve fort et qu'on travaille dur, on peut surmonter tous les obstacles pour réaliser nos rêves, peu importe les difficultés.

LA POLITESSE

Il était une fois un petit garçon qui s'appelait Liam. Liam aimait jouer avec ses jouets et partir à l'aventure dans son jardin, mais il ne se souvenait pas toujours d'être poli lorsqu'il rencontrait de nouvelles personnes.

Un jour, la famille de Liam se rendit à une fête chez son voisin. Lorsqu'ils arrivèrent, Liam vit un groupe d'enfants qui jouaient ensemble dans l'arrière-cour. Il se précipita vers eux et leur dit : « Hé, laissez-moi jouer aussi ! ».

Mais au lieu de dire bonjour et de se présenter, Liam fit irruption et s'empara d'un de leurs jouets. Les autres enfants le regardèrent avec surprise et ne savaient pas quoi dire. Liam ne semblait pas s'en préoccuper et commença à jouer avec les jouets sans rien demander.

Au bout de quelques minutes, l'un des enfants dit : « Hé, je peux récupérer mon jouet, s'il te plaît ? ». Liam l'ignora et continua à jouer. Un autre enfant lui dit : « Tu n'es pas très gentil. Tu devrais t'excuser. » Mais Liam haussa les épaules et continua à jouer.

Au fur et à mesure que la fête avançait, Liam se retrouva seul et sans amis avec qui jouer. Les autres enfants ne voulaient pas jouer avec lui parce qu'il avait été si impoli. Liam se sentait triste et exclu, et il ne comprenait pas pourquoi personne ne voulait être son ami.

Ce soir-là, au moment d'aller se coucher, Liam n'arrêta pas de penser à ce qui s'était passé à la fête. Il raconta l'histoire à sa mère. Elle lui dit : « Liam, voilà les conséquences d'un manque de politesse. Nous en avons parlé plusieurs fois. Tu ne peux pas ignorer les gens quand tu entres dans une pièce. Sois gentil. Les gens ont besoin de se sentir reconnus ». Il réalisa qu'il avait été impoli et qu'il avait blessé les autres enfants. Il se sentit mal et regretta de ne pouvoir remonter le temps afin de changer les choses.

Le lendemain, Liam décide de s'excuser auprès des enfants qu'il avait rencontrés à la fête. Il alla chez eux et leur dit : « Je suis désolé d'avoir été impoli hier. J'aurais dû dire bonjour et demander avant de jouer avec vos jouets. Est-ce qu'on peut être amis maintenant ? »

Les autres enfants sourirent et dirent : « Bien sûr ! Nous sommes heureux que tu te sois excusé. » Depuis ce jour, Liam se souvenait désormais d'être poli partout où il allait et lorsqu'il rencontrait de nouvelles personnes. Il s'était rendu compte qu'il était important d'être gentil et respectueux, non seulement pour se faire des amis, mais aussi pour rendre le monde meilleur.

Alors, n'oubliez pas, les enfants, de toujours dire bonjour, de vous présenter et de demander avant de prendre ou de jouer avec les affaires de quelqu'un d'autre. La politesse t'aidera à te faire des amis et à faire en sorte que les autres se sentent bien aussi. Mais si tu es grossier et impoli, tu risques de te retrouver seul et sans amis.

LA FIN

Exemple Dans La Vie Réelle

John C. Maxwell est un auteur, conférencier et leader bien connu qui enseigne l'importance de la politesse. Être poli signifie traiter les autres avec gentillesse et respect, peu importe qui ils sont ou d'où ils viennent. Il ne s'agit pas seulement d'être gentil, mais aussi d'établir de bonnes relations et de réussir dans la vie. Il dit qu'être poli, c'est comme avoir de bonnes manières. Lorsque nous parlons aux gens, nous devons les écouter attentivement et essayer de les comprendre. En faisant cela, nous pouvons éviter les problèmes et devenir amis avec les gens.

La politesse est également importante si nous voulons être des leaders. Les leaders sont des personnes qui aident les autres et améliorent les choses. Ils le font en étant gentils avec les autres et en les traitant avec respect. Lorsque les leaders sont polis, les gens se sentent heureux et travaillent mieux ensemble.

LA LECTURE

Il était une fois une jeune fille nommée Grâce qui vivait dans une ville de banlieue. Elle aimait passer du temps avec ses amis et jouer dehors, mais elle n'aimait pas beaucoup lire. Elle trouvait les livres ennuyeux et n'en prenait jamais un à moins d'y être forcée.

Un jour, sa mère l'emmena à la bibliothèque locale et la présenta à la bibliothécaire, Mme Momo. Mme Momo fit visiter la bibliothèque à Grâce et lui parla de tous les livres merveilleux qui s'y trouvaient. Grâce n'était toujours pas intéressée par la lecture, mais Mme Momo n'abandonna pas.

« Grâce, la lecture est l'une des choses les plus importantes que l'on puisse faire », déclara Mme Momo. « Elle t'ouvre un monde entièrement nouveau, rempli d'aventures, de merveilles et d'histoires extraordinaires ».

Grâce était sceptique, mais Mme Momo lui promit que si elle lisait un bon livre, elle sera impressionnée elle-même. C'est donc à contrecœur que Grâce prit un livre racontant l'histoire d'un chevalier courageux et de sa quête pour sauver une princesse d'un dragon. Lorsqu'elle commença à lire, elle fut transportée dans un nouveau monde extraordinaire, rempli de merveilles et d'aventures. Plus elle lisait, plus elle était captivée par l'histoire. Lorsqu'elle termina le livre, elle se précipita sur les étagères pour en prendre un autre.

Lorsque sa mère vint la chercher, elle se précipita vers elle et lui dit : « Maman, je ne savais pas que les livres pouvaient être si amusants ! Pouvons-nous retourner à la bibliothèque demain, s'il te plaît ? Je veux lire encore et encore et apprendre de nouvelles choses. »

À partir de ce jour, Grâce devint passionnée de lecture. Elle passa les semaines suivantes à lire des livres sur des animaux qui parlent, des contes de fées, des royaumes enchantés et des planètes lointaines. Les livres étaient devenus pour elle une porte d'entrée vers un monde rempli d'imagination et de créativité. Grâce avait appris que les livres étaient pleins d'enthousiasme et d'émerveillement, et elle comprit l'importance de lire de bons livres. Cela développa son esprit, élargit ses horizons et enrichit son vocabulaire. Sa mère était très fière d'elle.

LA FIN

Exemple Dans La Vie Réelle

Oprah Winfrey est une personne qui aime vraiment les livres et qui veut dire à tout le monde à quel point ils sont géniaux. Elle a même créé un club de lecture en 1996 pour partager avec d'autres de bonnes recommandations de livres. Elle pense que les livres sont super cools parce qu'ils peuvent vous emmener dans des aventures et vous faire découvrir des personnes et des lieux différents. Elle affirme que la lecture peut vous aider à comprendre les autres et à vous intéresser à eux, même s'ils sont très différents de vous.

La lecture a également beaucoup aidé Oprah dans sa vie. Elle appelle les livres ses « mentors personnels » parce qu'ils lui ont appris beaucoup de choses et l'ont aidée à trouver sa propre voix.

Alors, si tu veux apprendre de nouvelles choses, partir à l'aventure et t'amuser, Oprah pense que tu devrais lire plus de livres !

LE RESPECT

Il était une fois un petit garçon qui s'appelait Saidou. Il était très enjoué et aimait courir partout et s'amuser avec ses amis. Mais il avait l'habitude d'être grossier et méchant avec les autres.

Un jour, à l'école, Saidou jouait avec ses amis lorsqu'il vit une nouvelle fille. Il n'aima pas l'apparence de la nouvelle fille et commença à se moquer d'elle. Ses amis lui emboîtèrent le pas et, très vite, la nouvelle fille se retrouva entourée d'un groupe d'enfants méchants. Ils se moquèrent d'elle et la brutalisèrent. Se sentant triste, la nouvelle fille s'enfuit. Ils se mirent à rire encore plus fort.

Le lendemain, Saidou la vit et appela ses amis. Ils commencèrent à se moquer d'elle, encore et encore. Saidou prit plaisir à être méchant et à manquer de respect à la nouvelle fille de l'école.

Un jour, à la récréation, il s'apprêtait à s'approcher d'elle lorsqu'elle s'écria : « Ne t'approche pas de moi ! Tu es très embêtant ». Heureusement, ce jour-là, un enseignant vit tout à travers les fenêtres. Saidou fut convoqué dans le bureau de l'enseignant pour s'expliquer. Il se sentit coupable et demanda pardon. L'enseignant lui répondit : « C'est à elle qu'il faut parler, pas à moi. Ce n'est pas moi qui ai été offensé par ton comportement ». Il ajouta : « Il est important d'être gentil et respectueux, Saidou. On ne sait jamais ce que les gens traversent dans leur vie personnelle. Vous ne devez pas être la raison pour laquelle ils deviennent désespérés. »

Saidou sortit et trouva la nouvelle fille assise toute seule et en train de pleurer. Il s'approcha d'elle et lui dit : « Je suis désolé d'avoir été méchant avec toi. Pouvons-nous être amis ? » La nouvelle fille fut surprise mais heureuse d'entendre que Saidou voulait être son ami.

Saidou avait compris que le respect des autres ne se limite pas à la politesse, mais qu'il s'agit d'apprécier la valeur de chaque personne. Il avait appris que chaque personne est spéciale à sa manière et qu'il est important de traiter tout le monde avec respect, gentillesse et amour.

LA FIN

Exemple Dans La Vie Réelle

Jacinda Ardern est une dirigeante politique de la Nouvelle-Zélande. Elle pense qu'il est très important de respecter les autres. Cela signifie qu'il faut être gentil avec tout le monde, même s'ils sont différents de nous. Elle veut que tout le monde soit considéré et traité équitablement.

Mme Ardern a prouvé l'importance du respect lors d'un gros problème en Nouvelle-Zélande. En 2019, un événement grave s'est produit et de nombreuses personnes ont été blessées. Mme Ardern a été gentille avec les personnes blessées et leurs familles. Elle a porté un objet spécial sur la tête pour montrer qu'elle respectait les personnes blessées. Elle s'est assurée que tous les habitants du pays sachent qu'ils étaient importants et que les gens se souciaient d'eux.

Mme Ardern voudrait que les gens soient gentils les uns envers les autres, quelle que soit leur apparence ou leur origine. Elle veut que chacun ait le sentiment d'appartenir à un groupe et d'être important.

PRENDRE SOIN DE SOI

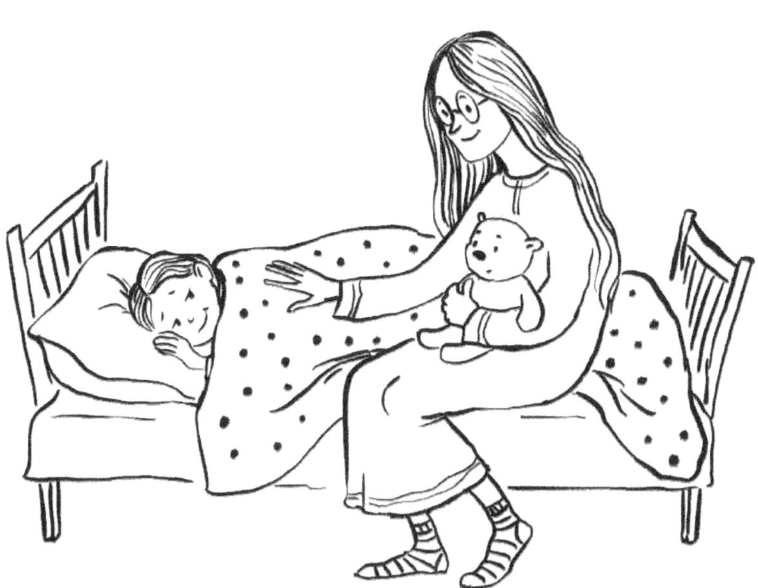

Il était une fois une petite fille nommée Bintou qui aimait jouer et s'amuser. Chaque jour, elle sortait jouer avec ses amis ; elle allait au parc avec eux et essayait de nouvelles activités. Mais un jour, Bintou remarqua qu'elle se sentait toujours fatiguée et épuisée. Elle n'arrivait plus à suivre ses amis, et même ses activités préférées ne lui semblaient plus aussi amusantes.

Bintou alla voir sa mère et lui a raconta ce qui se passait. Sa mère lui expliqua que parfois, lorsque nous sommes toujours en mouvement et que nous nous amusons, nous oublions de prendre soin de nous-mêmes. Nous avons besoin de nous reposer, de bien manger et de faire des choses qui nous rendent heureux et nous détendent. C'est ce qu'on appelle prendre soin de soi.

Bintou réfléchit et se rendit compte qu'elle avait négligé ses propres besoins. Elle décida de commencer à mieux s'occuper d'elle-même. Elle se couchait plus tôt, mangeait les aliments sains que sa mère lui préparait et prenait des pauses pour faire des choses qu'elle aimait, comme lire et peindre.

En peu de temps, Bintou se sentit mieux et plus énergique. Elle pouvait jouer avec ses amis, s'amuser et essayer de nouvelles choses. Elle avait appris que prendre soin de soi est l'une des choses les plus importantes à faire pour se sentir heureuse et en bonne santé.

LA FIN

Exemple Dans La Vie Réelle

Michelle Obama, qui a été la première dame des États-Unis, pense qu'il est très important de prendre soin de soi. Cela signifie prendre soin de son corps et de son esprit, afin d'être heureux et de se sentir bien.

Michelle Obama explique qu'elle a eu du mal à prendre soin d'elle lorsqu'elle avait beaucoup de choses à faire, comme être une mère, une épouse et une personne célèbre. Mais elle a appris que prendre soin d'elle était vraiment important et qu'elle se sentait mieux.

Michelle Obama veut que tout le monde sache qu'il est bon de prendre soin de soi. Cela permet d'être plus fort, de se sentir moins inquiet et moins stressé, et d'être en meilleure santé. Pour prendre soin d'elle, elle aime faire de l'exercice physique, manger des aliments sains et passer du temps avec les personnes qui lui sont chères.

Lucie S. Matsouaka

LA CONFIANCE EN SOI

Il était une fois une petite lapine qui s'appelait Kheren. Kheren était une lapine timide et craintive qui avait peur d'essayer de nouvelles choses. Elle s'inquiétait toujours de ce que les autres penseraient d'elle et avait peur de faire des erreurs.

Un jour, Kheren fut invitée à une grande fête organisée par le roi de la forêt. Kheren était très excitée mais aussi très nerveuse à l'idée de participer à cette fête. Elle se demandait comment s'habiller, comment parler aux autres animaux et ce qu'ils allaient penser d'elle.

Alors que Kheren se rendait à la fête, elle vit un petit oiseau assis sur une branche, l'air triste. Kheren demanda à l'oiseau ce qui n'allait pas et l'oiseau répondit : « Je suis trop petit pour voler avec les autres oiseaux. J'ai peur de ne jamais pouvoir voler comme eux ».

Kheren comprit ce que ressentait l'oiseau et décida de l'aider. Elle lui dit qu'il devait croire en lui et avoir confiance en ses capacités. Kheren lui expliqua que s'il croyait qu'il pouvait voler, il serait capable de voler plus haut que n'importe quel oiseau dans le ciel.

Le petit oiseau écouta les sages paroles de Kheren et décida d'essayer. Avec les encouragements de Kheren, le petit oiseau battit des ailes et s'éleva très haut dans le ciel, et il était fier de lui-même.

En voyant le succès du petit oiseau, Kheren réalisa qu'elle devait elle aussi avoir confiance en elle. Elle décida de respirer profondément, de sourire et d'entrer dans la fête avec confiance.

Lorsque Kheren entra dans la fête, elle vit tous les animaux la regarder, mais au lieu de se sentir gênée, elle marcha la tête haute, avec confiance et salua tout le monde avec un très beau sourire. Les autres animaux étaient heureux de la voir.

Kheren s'amusa beaucoup à la fête et se fit de nombreux nouveaux amis. Elle apprenait ainsi que la confiance en soi était essentielle et qu'elle lui permettait d'essayer de nouvelles choses, de se faire de nouveaux amis et de surmonter ses peurs.

Depuis ce jour, Kheren n'était plus une lapine timide et craintive. Elle était confiante, courageuse et toujours prête à essayer de nouvelles choses. Elle avait appris que la confiance en soi était la clé du succès et que chacun peut accomplir de grandes choses s'il croit en lui.

LA FIN

Exemple Dans La Vie Réelle

Mohamed Ali, né Cassius Clay, était non seulement un boxeur exceptionnel, mais il était également connu pour sa confiance en soi inébranlable. Voici quelques exemples de la manière dont il a démontré cette confiance tout au long de sa carrière professionnelle :

Il disait toujours qu'il était le meilleur : Avant même de gagner des gros titres, Mohamed Ali disait qu'il était "le plus grand". Cela voulait dire qu'il croyait très fort en lui-même.

Un combat très important : Il a eu un grand combat contre un boxeur très fort appelé Sonny Liston. Tout le monde pensait qu'Ali allait perdre, mais il a gagné de manière très surprenante !

Il a refusé d'aller à la guerre : Ali a refusé d'être enrôlé dans l'armée pendant la guerre du Vietnam en 1967, arguant que "je n'ai rien contre aucun Vietcong". Bien que cela lui ait coûté son titre mondial et l'interdiction de boxer pendant plusieurs années, il a maintenu sa position avec conviction.

Un combat génial contre George Foreman : Il a eu un autre combat super important contre George Foreman. Foreman était très fort, mais Ali a utilisé une stratégie intelligente pour gagner.

La bataille juridique pour récupérer son titre : Après avoir été suspendu pour sa position contre la conscription, Ali a mené une bataille juridique pour récupérer son titre mondial. Il a finalement eu gain de cause et a repris sa carrière de boxeur.

L'acceptation de ses défaites : Même lorsque Ali a perdu des combats, il a toujours montré une confiance en lui-même inébranlable. Il savait que la défaite ne définissait pas sa valeur en tant qu'homme ou en tant que boxeur.

Dans l'ensemble, la confiance en soi d'Ali ne reposait pas uniquement sur ses compétences physiques, mais aussi sur sa conviction profonde en ses propres atouts et principes. Il était prêt à défendre ses croyances, même au prix de sacrifices personnels, ce qui a contribué à faire de lui l'une des figures les plus emblématiques de l'histoire de la boxe.

L'AUTODISCIPLINE

Il était une fois un petit garçon qui s'appelait David. David était un garçon heureux qui aimait jouer et s'amuser. Il avait beaucoup d'amis et était aimé par tous les autres enfants du quartier. Mais David avait un problème : il était très paresseux et indiscipliné.

David avait l'habitude de se lever tard le matin et de manquer son petit-déjeuner. Il ne faisait jamais ses devoirs à temps et se faisait toujours gronder par son professeur. Il perdait son temps à jouer et à regarder la télévision au lieu d'étudier.

Un jour, à l'école, le directeur annonça qu'il y aurait un concert de musique. Le groupe de musique était le groupe préféré de David. Seuls les élèves qui avaient rendu tous leurs devoirs et qui n'avaient pas manqué l'école allaient recevoir un billet.

David était furieux. Il rentra chez lui en pleurant. « Maman, ce n'est pas juste. Je veux aller au concert ! » Le père de David le fit asseoir et lui dit : « Nous t'avons parlé de l'autodiscipline et de son importance, mais tu n'écoutes pas. Ce n'est pas complètement perdu, mais tu devras faire preuve de plus de discipline et de travail. Si tu veux atteindre tes objectifs, il va falloir que tu t'y mettes sérieusement ».

David sanglotait en écoutant son père. Il se rendit compte que s'il voulait réussir dans la vie, il devait être discipliné. S'il voulait recevoir un billet gratuit pour aller voir son groupe de musique préféré, il devait cesser d'être distrait. À partir de ce jour, David commença à se lever tôt le matin pour se préparer pour l'école. Il commença à faire ses devoirs à temps et à étudier régulièrement.

Le travail acharné et la discipline de David portèrent leurs fruits. Il commença à avoir de bonnes notes à l'école et son professeur était très fier de lui. Ses amis étaient étonnés de voir à quel point il avait changé. Quelques mois plus tard, lorsque le directeur de l'école lisait les noms des admis, David entendit son nom et fut incroyablement heureux et fier de lui.

LA FIN

Exemple Dans La Vie Réelle

Carlos Slim est un homme d'affaires mexicain prospère et philanthrope qui accorde une grande importance à l'autodiscipline dans sa vie personnelle et professionnelle. Cela signifie qu'il travaille dur, qu'il se fixe des objectifs et qu'il évite autant que possible d'emprunter de l'argent. Il veille également à rester en forme en faisant régulièrement de l'exercice physique.

Slim est convaincu que l'autodiscipline est importante pour réussir, tant dans les affaires que dans la vie. Il encourage les autres à suivre son exemple en travaillant dur et en étant responsables de leurs actes. Slim a également soutenu de nombreuses initiatives éducatives et culturelles qui promeuvent ces valeurs.

L'ESTIME DE SOI

Il était une fois un souriceau qui s'appelait Malik. Malik vivait dans une belle prairie avec tous ses amis. Mais, contrairement à toutes les autres souris, Malik était toujours triste et déprimé. Ses amis avaient beau faire, ils n'arrivaient pas à lui remonter le moral.

Un jour, l'un de ses amis lui demanda : « Pourquoi es-tu toujours aussi triste ? ». Malik répondit : « Je ne m'aime pas. Je ne me trouve pas assez bon, ni assez intelligent, ni même assez beau. Regarde ta belle fourrure ! La mienne est laide. »

Son ami acquiesça et dit : « Ne dis pas cela, Malik. Chacun est spécial et unique à sa façon. Nous aimons ta fourrure. Il faut juste que tu croies en toi et que tu aies de l'estime pour toi-même. »

Malik fut confus. « Qu'est-ce que l'estime de soi ? » Son ami lui répondit : « Mes parents m'ont dit que l'estime de soi, c'est quand on croit en soi et qu'on s'aime tel qu'on est ». Il poursuivit : « Tu vois, ta fourrure est différente de la mienne parce que tu es né comme ça. Tu es unique tout comme moi. Nous sommes tous les deux beaux à notre manière. »

Malik sourit et décida de croire ce que son ami disait à propos de sa fourrure. Il commença à avoir des pensées positives à son égard et bientôt, il sentit un grand changement à l'intérieur de lui. Il se sentait plus heureux et plus confiant. Il commença à courir et à jouer avec ses amis, comme avant.

Malik n'oubliera jamais cette leçon. Il décida de s'aimer tel qu'il était et de ne jamais oublier l'importance de l'estime de soi.

LA FIN

Exemple Dans La Vie Réelle

Jim Rohn était un leader qui aidait les gens à se sentir bien dans leur peau. Il pensait qu'il était très important de se sentir bien dans sa peau si l'on voulait être heureux et réussir dans la vie. Voici ce qu'il disait pour aider les gens à se sentir bien dans leur peau :

Tout d'abord, Jim Rohn a dit que vous devriez essayer de faire des choses qui vous aident à grandir et à apprendre. Il peut s'agir d'acquérir de nouvelles compétences ou d'essayer de nouvelles choses qui représentent un défi. Lorsque vous travaillez dur pour atteindre vos objectifs, vous vous sentez fier de vous et plus confiant.

Deuxièmement, Jim Rohn a déclaré que vous devriez essayer de passer du temps avec des personnes qui sont positives et qui vous soutiennent, car cela peut vous aider à renforcer votre estime de soi et à vous sentir plus heureux.

Enfin, Jim Rohn dit qu'il faut s'entraîner à se dire des choses agréables à soi-même. Cela signifie que vous devez vous parler de manière positive et vous rappeler toutes les bonnes choses qui vous caractérisent. Lorsque vous vous concentrez sur vos points forts et vos réalisations, vous vous sentez plus confiant et plus heureux.

Lucie S. Matsouaka

LE SERVICE

Il était une fois, dans un royaume lointain, un prince nommé Karl. Karl était bon et généreux, mais il n'était pas un prince comme les autres. Il ne voulait pas diriger le royaume d'une main de fer ou devenir le souverain le plus puissant. Au contraire, il voulait servir son peuple et améliorer leurs conditions de vie.

Un jour, Karl entama un voyage pour rendre visite aux habitants du royaume et voir comment il pouvait les aider. Il visita les villages et les villes, discuta avec les fermiers, les marchands et les artisans, et écouta leurs problèmes. Il réalisa très vite que le royaume était confronté à une terrible sécheresse et que les récoltes étaient mauvaises. Les gens avaient faim et beaucoup quittaient le royaume à la recherche de nourriture.

Le prince Karl savait qu'il devait faire quelque chose pour aider. Il appela tous les habitants du royaume à venir au château. Il leur expliqua la situation et leur dit qu'il allait mener une mission pour trouver de l'eau et la ramener dans le royaume.

Les gens étaient stupéfaits et inspirés par le leadership du prince Karl. Ils se joignirent à lui pour le voyage et travaillèrent ensemble pour trouver l'eau. Ils portaient de lourds seaux et travaillaient sans relâche, mais ils avaient le moral au beau fixe parce qu'ils faisaient quelque chose pour aider leur royaume.

Après plusieurs jours de recherche, ils trouvèrent enfin une rivière qui coulait de l'eau fraîche et propre. Ils remplirent leurs seaux et commencèrent le voyage de retour vers le royaume. En chemin, ils rencontrèrent des obstacles, tels que des montagnes escarpées et des rivières déchaînées, mais ils n'abandonnèrent point.

Lorsqu'ils rentrèrent enfin au royaume, les gens applaudirent et remercièrent le prince Karl pour ses qualités de leader. Il les avait conduits jusqu'à l'eau et les avait aidés à sauver leurs récoltes et leur royaume.

Depuis ce jour, le prince Karl était connu comme le chef serviteur du royaume. Il continua à servir son peuple et à donner l'exemple, leur montrant que le plus grand chef est celui qui sert.

LA FIN

Exemple Dans La Vie Réelle

George W. Bush était le 43e président des États-Unis et il pensait qu'il était très important que les gens aident les autres. Il voulait que chacun fasse quelque chose de bien pour sa communauté et fasse la différence dans le monde. Pour aider les gens à le faire, Bush avait lancé un programme appelé USA Freedom Corps. Il avait demandé aux Américains de consacrer au moins 4 000 heures à aider les autres en faisant du bénévolat ou en travaillant dans des services publics.

Bush pensait que le service et l'aide aux autres étaient des valeurs importantes pour les Américains. Il en parlait beaucoup dans ses discours et disait qu'en aimant nos voisins et en nous aidant les uns les autres, nous pouvions faire du monde un endroit meilleur et plein d'espoir.

CONCLUSION

Chère amie, cher ami,

Je suis sûre que tu as apprécié de lire toutes ces histoires étonnantes et de faire la connaissance de quelques dirigeants dans la vie réelle qui possèdent certaines de ces grandes qualités.

En conclusion, un leader exceptionnel est quelqu'un qui possède des qualités telles que l'empathie, le courage, l'intégrité, la gentillesse, la confiance en soi et bien plus encore. Si tu penses à une autre qualité que je n'ai pas mentionnée dans ce livre, écris-la et partage-la avec ton entourage.

En grandissant, j'espère que tu te souviendras de ces histoires et que tu t'efforceras d'incarner ces qualités dans ta propre vie. Que tu deviennes un leader dans ton école, ta communauté, l'arène politique, la science, le domaine médical, les affaires, ou même simplement parmi tes amis et les membres de ta famille, tu auras les outils dont tu as besoin pour avoir un impact positif sur le monde. Il y a tant à faire et je compte sur toi.

Je sais que tu montreras l'exemple et que tu seras toujours prêt ou prête à prendre des décisions difficiles pour le bien de tous. Les qualités qui font un grand leader peuvent être développées et affinées avec de la pratique, l'entraînement et de la détermination.

Enfin, tu devras faire preuve d'un amour sincère pour les gens. Lorsqu'un dirigeant se soucie réellement des gens, il lui est beaucoup plus facile de les écouter, de les respecter, d'être gentil avec eux, d'être compatissant et de les servir.

N'oublie pas que tous les grands leaders ont commencé modestement, mais qu'à force de travail et de dévouement à leurs objectifs, ils sont devenus les grandes figures d'inspiration que tu aspires à devenir. N'aie donc pas peur de te lancer et de diriger. Je ne doute pas un instant qu'avec un peu de persévérance, tu deviendras le leader phénoménal pour lequel Dieu t'a créé.e

Je t'aime, mon ami.e.

À PROPOS DE L'AUTEURE

Lucie S. Matsouaka est auteure, conférencière internationale, et coach professionnelle certifiée. Elle est aussi consultante certifiée en droits de la personne et coach bilingue (français et anglais) en leadership jeunesse. Son objectif est d'aider les parents afin qu'ils puissent mieux soutenir la passion de leurs enfants, enrichir leur curiosité et nourrir leurs rêves.

Elle responsabilise et inspire également les jeunes leaders au niveau mondial en leur donnant les outils, les ressources et les opportunités nécessaires pour développer leurs compétences en matière de leadership, renforcer leur confiance et leur sensibilité culturelle afin d'avoir un impact positif sur leurs communautés et sur le monde.

Le travail de Lucie lui a valu une reconnaissance à l'échelle internationale. En juillet 2020, elle s'est adressée à plus de 500 jeunes à travers le monde en partenariat avec le Centre de l'UNESCO pour la paix, et a reçu une Citation officielle de l'Assemblée Générale l'Etat du Maryland, aux États-Unis, en reconnaissance de son engagement continu pour la promotion de la paix et des droits de l'homme.

Lucie est une militante de la diversité et de l'inclusion, reconnue comme un best-seller sur Amazon pour son travail en tant que co-auteure avec plusieurs femmes noires. Son best-seller « Black Girls Hear » vous fait découvrir les expériences détaillées et passionnantes des auteures et la façon dont ces expériences ont transformé leurs vies.

Lucie vit en Caroline du Nord, aux États-Unis, avec son mari et ses deux enfants.